Marion Clausen · Katharina Tebbenhoff

Honiggras und *Löwenzahn*

Ein Sach- und Mitmachbuch rund um die Wiese

Mit Bildern von Renate Seelig

Patmos

MARION CLAUSEN

arbeitet freiberuflich als Redakteurin, u. a. für pädagogische Fachbücher, Übungshefte für Grundschulkinder und Kindersachbücher und schreibt selbst Bücher für Kinder. Sie wohnt mit ihrer Familie in Göttingen.

KATHARINA TEBBENHOFF

ist Heilpraktikerin und Naturpädagogin. Sie lebt mit ihrer Familie in der Nähe von Frankfurt/M. Als Mitarbeiterin der Naturschule Hessen vermittelt sie Kindern, Jugendlichen und Erwachsenen, welche Schätze es in der Natur zu entdecken gibt.

RENATE SEELIG,

geboren in Bielefeld, studierte an den Kunsthochschulen Kassel und Hamburg das Fach »Textilentwurf«. Freie Mitarbeit als Illustratorin bei Frankfurter Werbeagenturen. Mitarbeit bei den ZDF-Sendungen »Siebenstein« und »Löwenzahn«. 1974 erschien bei Ellermann ihr erstes Bilderbuch, seither gestaltet sie Bücher für verschiedene Verlage.

Von den gleichen Autorinnen ist außerdem erschienen: *Apfelbaum und Weidentraum* mit Bildern von Renate Seelig

Marion Clausen/Katharina Tebbenhoff (Text)
Renate Seelig (Bilder)
Honiggras und Löwenzahn

Bibliografische Information der Deutschen Bibliothek
Die Deutsche Bibliothek verzeichnet diese Publikation in der Deutschen Nationalbibliografie; detaillierte bibliografische Daten sind im Internet über http://dnb.ddb.de abrufbar

Quellennachweis:
Die Gedichte in diesem Buch wurden folgenden Quellen entnommen:
Friedl Hofbauer, »Was ist eine Wiese?«, aus: dies., *Weißt du, dass alles sprechen kann?*, Dachs Verlag, Wien. © Autorin; Peter Hacks, »Wiese, grüne Wiese«, aus: ders., *Der Flohmarkt.* © Eulenspiegel Verlag, Berlin 2001; Joachim Ringelnatz, »Arm Kräutchen«, aus: ders., *Das Gesamtwerk in sieben Bänden.* © 1994 Diogenes Verlag AG, Zürich.; Norman H. Russell, »Grashalme«, aus: Basil Johnston, *Und Manitu erschuf die Welt.* © Diederichs im Heinrich Hugendubel Verlag, Kreuzlingen/München; Fridolin Wasserburg, »Der Zirpelhupf«, aus: ders., *Die Ringelschneuze und andere Raritäten des täglichen Lebens*, Hg. Prof. Dr. Blasius Plesch. © rws, Rainer Werle Software, Tübingen.

© 2004 Patmos Verlag GmbH & Co. KG, Düsseldorf
Alle Rechte vorbehalten
Umschlaggestaltung: Heike Ossenkop pinxit, Basel,
unter Verwendung einer Illustration von Renate Seelig
Druck und Bindung: Theiss, A-St. Stefan im Lavanttal
ISBN 3-491-42021-1
www.patmos.de

Inhalt

Was ist eine Wiese?

Pflanzenporträts

Spiel und Spaß auf der Wiese

WAS IST EINE WIESE?

Was ist eine Wiese?
Futter für die Kuh
und noch was dazu.
Gras und Blumen:
Schmetterlingsflügel.
Bienensummen.
Ameisengekrabbel.
Käfergezappel.
Achtung, Maulwurfshügel!
Margeriten.
Rote Federnelken
vor dem blauen Himmel.
Heupferd übt den Weitsprung
bis zum Kümmel.
Ein Kamillenbusch
öffnet zwei Blüten.
Sommerfliegen flitzen
über Storchschnabelmützen.
Hummeln bummeln
im Honighaus
ein und aus.
Glockenblumen bammeln
und bummeln.
Unten am Löwenzahn
geigt eine Grillenschnarre.
Der Wind spielt mit den Halmen
Harfe oder Gitarre,
alles regt sich und bewegt sich,
alles, was da lebt und schwebt,
leuchtet, knistert, flüstert,
brummelt, bummelt ...

Was ist eine Wiese?
    – Das ist eine Wiese.

Friedl Hofbauer

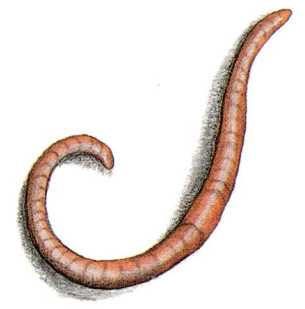

Was ist eine Wiese?

Suchst du eine echte Wiese, musst du fast immer bis an den Rand der Stadt fahren. Innerhalb eines Ortes gibt es kaum noch größere unbebaute Flächen mit Wiesen. Moment mal, wirst du jetzt vielleicht sagen, was ist mit dem Park oder der Liegewiese im Schwimmbad? Im Park, auf dem Spielplatz oder im Schwimmbad findest du gleichmäßige Rasenflächen, die möglichst nur aus einer Sorte Gras bestehen sollen, um wie ein grüner Teppich zu wirken. Er soll den Menschen im Freien als Liege- oder Sportfläche dienen. Ein Rasen wird regelmäßig kurz gehalten und bietet nur wenigen Tieren und Pflanzen einen Lebensraum.

Auf einer Wiese dagegen wachsen viele verschiedene Gräser, Kräuter und Wildblumen. Sie kriechen nah am Boden oder strecken ihre Blüten der Sonne entgegen. Alle Pflanzen zusammen bilden ein dichtes Geflecht, in dem auch viele kleine Tiere und Insekten leben.

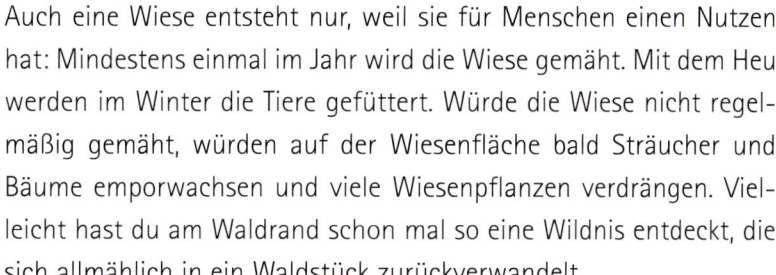

Auch eine Wiese entsteht nur, weil sie für Menschen einen Nutzen hat: Mindestens einmal im Jahr wird die Wiese gemäht. Mit dem Heu werden im Winter die Tiere gefüttert. Würde die Wiese nicht regelmäßig gemäht, würden auf der Wiesenfläche bald Sträucher und Bäume emporwachsen und viele Wiesenpflanzen verdrängen. Vielleicht hast du am Waldrand schon mal so eine Wildnis entdeckt, die sich allmählich in ein Waldstück zurückverwandelt.

Mancher Wiesenbesitzer kann sich die mühevolle Arbeit des Mähens ersparen: Er lässt Kühe oder Schafe das Gras und die leckeren Kräuter abfressen. Dann wird aus einer Wiese eine Viehweide.

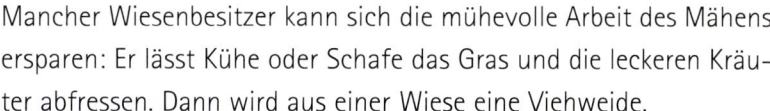

Regenwurm im Keller –
Schmetterling auf dem Dach

Jede Wiese sieht anders aus. Was und wer auf ihr lebt, hängt davon ab, wo sie sich befindet: ob im Gebirge, im Moor oder nah am Meer. Aber der Aufbau einer Wiese bleibt stets der gleiche. Man kann ihn mit den Stockwerken eines Hauses vergleichen. Die Wiesenbewohner haben ihre Lebensbedürfnisse wunderbar aufeinander abgestimmt.

Ganz oben, auf dem »Dach« einer Wiese, findest du die Blütenschicht. Die Pflanzen wachsen der Sonne entgegen und entwickeln hier ihre farbenfrohen Blüten. Sie locken Schmetterlinge, Bienen und Hummeln an, die den Nektar daraus trinken. Da es von diesen Insekten hier so viele gibt, lohnt es sich für die Vögel, auf der Wiese vorbeizuschauen, denn hier finden sie reichliche Nahrung.

Im »ersten Stock« wachsen die meisten Blätter und Stängel auf einer Wiese. Dazwischen können die Spinnen ihr Netz bauen und auf Beute lauern. Vielleicht verfängt sich eine Fliege, eine Schmetterlingsraupe oder eine Mücke in ihrem Netz. Diese Tiere wiederum fressen Pflanzenteile oder andere Insekten. Blattläuse und Wanzen bohren die Stängel oder Blätter an, um den Pflanzensaft zu trinken.

Im »Erdgeschoss« – auf dem Erdboden – gibt es kaum einen freien Fleck. Dicht an dicht wachsen hier die Wiesenpflanzen aus dem Boden. Die meisten wollen noch weiter nach oben, wo es mehr Licht gibt. Den Boden bedecken hauptsächlich niedrige Moose, die gut im Schatten der anderen Pflanzen leben können, und die es mögen, dass es immer ein bisschen feucht bleibt. Hier suchen Schnecken nach Grünfutter und die flinken Ameisen eilen auf unsichtbaren Straßen hin und her. Unter den Blättern sitzen die lichtscheuen Asseln, die du vielleicht aus dem Keller kennst. Auch Frösche, Igel und Käfer sind hier unterwegs.

Im »Keller« – unter der Erdoberfläche – halten sich die Pflanzen mit ihren Wurzeln fest und saugen das Wasser und Nährstoffe aus dem Boden. Hier leben auch viele Regenwürmer, die durch ihre Grabarbeiten die Erde auflockern. Dadurch können die Pflanzen besser wachsen. Regenwürmer dienen vielen anderen Tieren als Futter, zum Beispiel den Maulwürfen. Diese graben unterirdische Gänge und Höhlen, in denen sie sicher vor Feinden leben können.

Ob ein Maulwurf auf einer Wiese lebt, kannst du sofort an den Maulwurfshügeln erkennen: Das sind die Erdhaufen, die ein Maulwurf aus der Erde nach oben geworfen hat, als er sich einen neuen Gang gegraben hat.

Die Wiese unter die Lupe genommen

Es ist ein ganz besonderes Vergnügen, faul auf einer Wiese zu liegen, in den Himmel zu gucken und zu träumen. Doch es lohnt sich auch, eine Wiese mal als Forscher genauer unter die Lupe zu nehmen. Außer einer wild bewachsenen Wiese und genügend Zeit brauchst du als Forscherausrüstung:

- Lupe mit mindestens 10-facher Vergrößerung: Damit kannst du auch kleine Pflanzenteile und kleine Tiere gut betrachten, ihre Formen und Farben besser erkennen.

- Becherlupe: Dies ist ein durchsichtiger Plastikbecher mit abnehmbarem Deckel, in den eine Lupe mit zwei- bis vierfacher Vergrößerung eingearbeitet ist. Wenn du ein Kleinlebewesen, z. B. eine Assel, vorsichtig gefangen und in den Becher gesetzt hast, kannst du sie durch die Lupe im Deckel gut sehen.

- Pinsel: Mit einem feinen Haarpinsel kannst du die kleinen Tiere behutsam in die Becherlupe befördern ohne sie zu verletzen.

- Taschenmesser und Schere: Es ist besser, wenn du Pflanzenteile, die du mitnehmen willst, abschneidest statt sie abzureißen. Die Pflanze kann dann besser weiterwachsen.

- Stofftasche oder Korb: Hierin werden deine Funde am besten nach Hause transportiert (keine Plastiktüte).

- Bestimmungsbücher für Wiesenpflanzen und Wiesentiere: In ihnen werden alle Pflanzen und Tiere genau beschrieben, die bei uns auf Wiesen leben. So kannst du herausfinden, was du da gerade beobachtest.

- Block oder Heft und etwas zum Schreiben: Schreibe auf, was du gesehen hast oder zeichne etwas ab.

Um das Leben auf einer Wiese betrachten zu können, setzt oder legst du dich am besten auf einem trockenen Plätzchen auf den Bauch und schaust dir »dein« Wiesenstück genau an. Je länger du hinsiehst, umso mehr wirst du entdecken.

Wie sehen die Pflanzen aus, die hier wachsen? Welche Formen und Farben haben Blätter und Blüten? Manche Blätter erinnern an ein Herz oder ein Ei, manche wachsen an einem kleinen Stiel, andere aus einem Knoten am Stängel. Es gibt ganz runde Stängel, aber auch vierkantige oder gerillte. Manche Blätter und Stängel sind ganz behaart, andere glänzend glatt.

Besonders schön sind die Blüten. Hier zeigen wir dir einige Blütenformen und Blütenstände, die bei Wiesenpflanzen häufig zu finden sind:

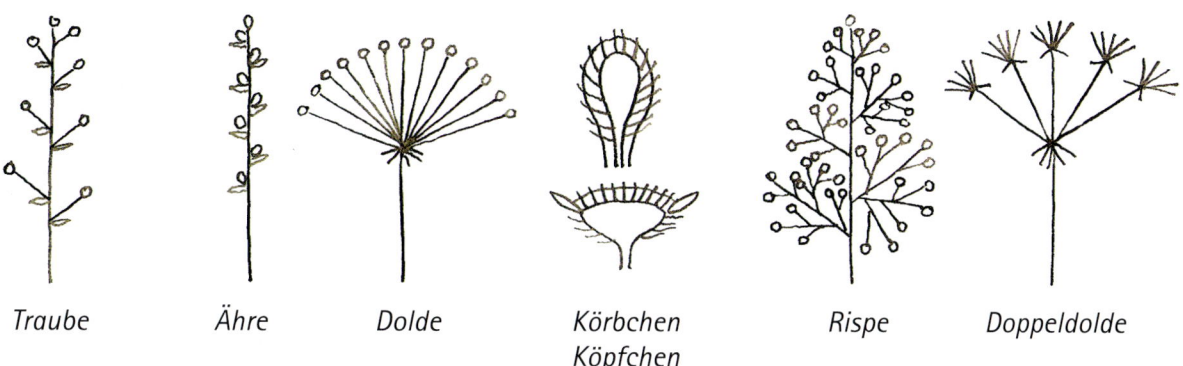

Traube   Ähre   Dolde   Körbchen   Rispe   Doppeldolde
                                        Köpfchen

Achte auch auf die Tiere, die hier leben. Wenn du ein weißes Tuch (so groß wie ein Küchentuch) auf dem Boden ausbreitest und eine Weile wartest, werden vermutlich viele kleine Lebewesen darauf gekrabbelt, geflogen oder gehüpft sein. Mit deiner Lupe kannst du sie beobachten. Unter Steinen oder auf der Unterseite von Blättern verstecken sich viele kleine Tiere, zum Beispiel Asseln. Beobachte auch, welche Insekten welche Blüten anfliegen.

Schwebfliege   Honigbiene   Blattwespe   Erdhummel

Besuche deine Wiese zu verschiedenen Tages- und Jahreszeiten. Du wirst immer wieder etwas Neues entdecken. Mit Hilfe deines Bestimmungsbuchs lernst du nach und nach eine Menge Pflanzen und Tiere kennen und wirst ein richtiger »Wiesen-Experte«.

Tipps für Naturfreunde

Schlüsselblume

Marienkäfer

Wenn du eine Wiese erkundest, freue dich über die Pflanzen, die dort wachsen, und lasse sie leben! Nur, wenn du genau weißt, was du mit den Pflanzen machen willst, pflücke etwas ab. Nimm aber von jeder Pflanze immer nur ein bisschen, damit sie sich wieder erholen kann. Wenn es von einer schöne Blume nur wenige Exemplare auf der Wiese gibt, dann lass sie dort!

Ganz besonders wichtig: Nimm nur mit, was du kennst und was nicht unter Naturschutz steht! Am besten schaust du in einem Bestimmungsbuch nach. Auf dieser Seite siehst du ein paar geschützte Pflanzen, die du vielleicht auf einer Wiese finden könntest. Wenn du eine solche Pflanze entdeckst, kannst du dich auch an ihr erfreuen, ohne sie zu pflücken, indem du sie fotografierst oder zeichnest.

Wenn du etwas zum Essen mitnimmst, achte darauf,
- dass die Pflanzen nicht in der Nähe von Straßen, Eisenbahnlinien, Müllplätzen oder Fabriken wachsen.
- dass sie nicht verschmutzt sind.
- dass sie gesund und kräftig sind.

Streifenwanze

Schachbrett-
blume

Wenn du kleine Wiesenbewohner fangen und beobachten willst, achte darauf, dass kein Tier dabei getötet oder beschädigt werden darf. Nimm den Pinsel aus deinem Forscherset zu Hilfe.
Die Tiere müssen nachher wieder an ihren Platz zurückgesetzt werden.
Bewahre sie nur so lange in einer Schachtel oder einem anderen Behälter auf, wie du sie beobachten willst; dann lasse die Tiere wieder frei.
Selbstverständlich darfst du keine Behausungen von Tieren (Ameisenhaufen, Vogelnester oder Erdlöcher zum Beispiel) zerstören!

Helm-
Knabenkraut

Baldachin-
spinne

Schnirkel-
schnecke

Küchen-
schelle

Schlaue Leute sind vorsichtig!

Wenn du draußen in der Natur herumstreifst und schöne Wildwiesen besuchst, solltest du einige Vorsichtsmaßnahmen beachten.

Zecken

Wenn du dich längere Zeit auf einer Wiese aufgehalten hast, bitte anschließend jemanden, deinen Körper genau nach Zecken abzusuchen. Zecken sind kleine Tiere aus der Familie der Spinnen. Sie ernähren sich von dem Blut von Tieren oder Menschen und dabei können sie gefährliche Krankheiten übertragen. Auf der Suche nach Nahrung krabbeln sie durch das Gras. Wenn sie ein warmblütiges Geschöpf gefunden haben, suchen sie sich auf seinem Körper eine weiche Stelle, wo sie ihre Beißwerkzeuge gut durch die Haut bohren können. Es dauert oft mehrere Stunden, bis sie einen geeigneten Platz gefunden haben. Dann beginnen sie, sich mit Blut voll zu saugen. Dadurch schwillt ihr Leib dick an.

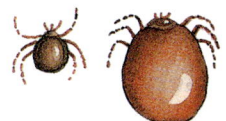

Wenn du nach einem Wiesenspaziergang auf deiner Haut eine Zecke entdeckst, solltest du sie möglichst bald entfernen, am besten mit einer Zeckenzange aus der Apotheke. Auf diese Weise kannst du dich am besten schützen. Aber keine Panik: nicht jeder Zeckenbiss – auch wenn er nicht sofort entdeckt wird – macht krank! Wenn sich ein Biss entzündet oder sich rot verfärbt, gehe vorsichtshalber zum Arzt.

Fuchsbandwurm

Es gibt einen Bandwurm, der im Darm von Füchsen lebt und dort auch Eier legt. Durch die Ausscheidungen des Fuchses gelangen diese Eier nach draußen auf den Boden. Wenn dort Pflanzen wachsen, können die Eier auch auf deren Blättern oder Beeren sein. Die Eier sind so klein, dass wir sie mit bloßem Auge gar nicht sehen können. Wenn wir Menschen dann die ungewaschenen Blätter oder Beeren essen, ist es möglich, dass die Eier sich in unserem Körper einnisten und uns krank machen. Das geschieht zum Glück nur selten. Und so kannst du dich davor schützen:

- Ernte keine Beeren, Früchte oder Kräuter, die direkt auf dem Boden wachsen. Nimm lieber Pflanzenteile, die weiter oben wachsen.
- Wasche alles, was du erntest, gründlich mit warmem Wasser.
- Wasche deine Hände mit warmem Wasser und Seife, wenn du draußen warst.
- Durch Erhitzen der Beeren oder Blätter auf 60 °C und durch Kochen werden die Krankheitserreger ganz sicher abgetötet.

Gräser gehören zum Schatz der Wiese

Gräser wachsen fast auf der ganzen Welt. Sie sind das Futter für die Weidetiere wie Kühe und Schafe, die wiederum den Menschen Fleisch, Milch, Wolle und Leder liefern. Wusstest du, dass auch die Getreidesorten wie Weizen, Reis oder Mais zur Pflanzenfamilie der Gräser gehören? Aus dem Getreide stellen wir vieles her, was wir essen: zum Beispiel Brot, Nudeln oder Cornflakes. Du siehst: Gräser sind besonders wichtige Pflanzen!

Gräser haben meist einen hohlen Stängel. Er ist in mehrere Abschnitte geteilt, zwischen denen verdickte Knoten zu sehen sind. Dieser Aufbau macht die Stängel haltbar und biegefest: Auch bei starkem Wind brechen sie nicht ab. Ein Grashalm, der nur einen halben Zentimeter dick ist, kann sogar die Höhe eines Erwachsenen erreichen. Auf unseren Wiesen werden die Gräser aber meist nur 20 bis 120 cm hoch.

Die Grasblüten sitzen als unscheinbare Rispe oder Ähre oben auf dem Stängel. Dort werden sie vom Wind erfasst, der ihren feinen Blütenstaub weit davonträgt. Leider vertragen manche Menschen diesen Staub nicht, wenn er in ihre Nase kommt: Sie müssen dann niesen, bekommen gerötete Augen und einen Heuschnupfen.

Wenn die vielen Gräser auf einer Wiese blühen, sieht es aus, als schwebe ein zarter Schleier darüber. Hat dieser Schleier eine rosarote Farbe, blüht hier bestimmt das Wollige Honiggras, das ganz mit samtigweichen Haaren überzogen ist.

Knäuelgras

Auch das Ruchgras kannst du häufig auf der Wiese finden. Es sieht zwar weniger schön aus als das Honiggras, dafür hat es einen angenehmen Geruch, ähnlich wie Waldmeister. Daher hat es seinen Namen. Früher hat man Schnupftabak und Getränke mit Ruchgras gewürzt. Es eignet sich hervorragend für dein Blüten-Traum-Kissen (siehe Seite 40).

wolliges Honiggras

Wiesen-Fuchs-schwanz

Wiesen-Rispengras

weiche Trespe

Im Sommer, bei trockenem Wetter, wird die Wiese gemäht. Es ist zunächst ein tauriger Anblick, wenn die schönen Wiesenblumen und Gräser flach am Boden liegen. Sie sollen nun zu Heu, das heißt zu Winterfutter für Tiere werden. In der Nähe einer gemähten Wiese, steigt dir bald der süße Duft des Heus in die Nase – ein ganz besonderer Sommerduft!

Wenn das Heu getrocknet ist, wird es zusammengerecht und in die Scheunen gebracht. Da die Wurzeln und die unteren Teile der Gräser und anderer Pflanzen nicht mit abgeschnitten wurden, kann sich die Wiese schnell erholen.

Beim Mähen werden allerdings die kleinen und größeren Wiesenbewohner stark gestört oder sogar getötet. Tier liebende Wiesenbesitzer warten deshalb so lange, bis der Tiernachwuchs, zum Beispiel die jungen Vögel in den Bodennestern, herangewachsen ist. Außerdem mähen sie die Wiese über einen längeren Zeitraum verteilt und in mehreren Abschnitten. So können die Tiere vom gemähten in den ungemähten Teil »umziehen«.

GRASHALME

Ich glaube, es gibt nichts Schöneres als das Gras.
Es ist grün und es ist weich,
so weich, dass es sich beugt, wenn du darüber gehst,
und hinter dir richtet es sich wieder auf.
Es ist so stark!
Die Kühe fressen es und die Schafe und es wächst weiter.
Wenn sie später zurückkommen, ist es schon wieder da,
und es ist überall
im Schatten und in der Sonne
und es gibt so viele Arten
kurze Gräser und hohe
und es braucht nicht lange um zu sprießen
und deckt verlassene Äcker zu und macht schroffe Felsen sanft.
Gras ist ein gutes Versteck für kleine Tiere.
Gras ist ein guter Ruheplatz, wenn du müde bist.
Gras ist für die Kühe, die Rehe, für dich und mich.
Gras ist eines der schönsten Geschenke Gottes für uns alle.

(Norman H. Russell)

Wiesen-Schwingel

Glatthafer

Gewöhnliches Ruchgras

Hör doch mal!

Lege dich mitten auf eine Wiese, auf den Rücken – ganz entspannt. Schließe die Augen und lausche den Tönen deiner Wiese: Vielleicht bewegt ein sanfter Wind die Gräser und Pflanzen hin und her und du hörst ein leises Rauschen. Vielleicht raschelt es — huscht da gerade eine Maus oder ein Wildkaninchen vorbei?

Ein Mäusebussard zieht seine Kreise über der Wiese auf der Suche nach einer Mahlzeit und schreit »Hiääh, hiääh«, was ein bisschen wie ein Katzenmiauen klingt. Der Bussard gehört zu den Greifvögeln mit scharfen Augen, die aus großer Höhe eine kleine Maus sehen können und dann blitzschnell auf diese Stelle stürzen und die Beute erfassen.

Kiebitz

Wenn du Glück hast, kannst du auch andere Vögel, zum Beispiel eine Feldlerche oder einen Kiebitz hören. Diese beiden leben und brüten sogar direkt auf dem Wiesenboden. Die Lerche singt eine lange, trillernde Melodie. Der Kiebitz ruft laut »Ki-witt, ki-witt«.

Es gibt Kassetten und CDs, mit denen du die verschiedenen Vogelstimmen kennen lernen und auseinander halten kannst. Frage doch mal in deiner Stadtbücherei danach.

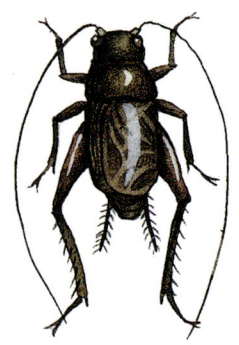

Feldlerche

Doch das wahre Sommer-Konzert geben Grillen und Heuschrecken. Ihre Musik erklingt immerzu: vom Sonnenaufgang bis in den Abend hinein. Dass diese Hüpftierchen kein Instrument spielen, ist klar, aber wie machen sie die Töne?

Die männlichen Heuspferdchen haben auf der Innenseite der Hinterbeine eine Reihe mit winzigen Zähnchen. Damit reiben sie unglaublich schnell wieder und wieder an der harten Kante ihrer Flügel entlang und bringen damit die Flügel zum Schwingen. So entsteht der typische, zirpende Ton. Jede Heuschreckenart »singt« anders.

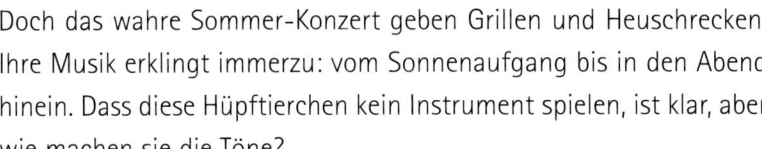

Grille

Die beiden Flügel der Grillen-Männchen hingegen haben innen jeweils raue Flächen, die sie blitzschnell aneinander reiben, um auf diese Weise einen Ton hervorzubringen. Und warum machen sie das alles? Sie möchten auf sich aufmerksam machen und ein Weibchen zu sich locken.

DER ZIRPELHUPF

In seinem Schlupfloch in der Erde
verbringt der Zirpelhupf den Tag.
Er zählt vom Kirchturm jeden Schlag,
auf dass es endlich Abend werde.

Ist dann die Sonne hinterm Berg,
verlässt der scheue Zirpelhupf
begierig seinen Unterschlupf
und macht sich an sein Zirpelwerk.

(Fridolin Wasserburg)

Mäusebussard

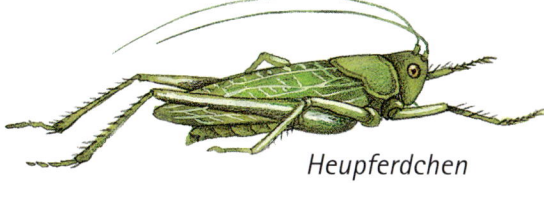

Heupferdchen

*Eier der
Feldlerche*

Löwenzahn

Standort: wächst fast überall

Höhe: 10 bis 30 cm

Blüte: gelb, von April bis Juni, auch im Herbst noch einzelne Blüten

Ernte: die Blüten während der Blütezeit, die Blätter ganz frisch im Frühjahr oder von nachwachsenden Pflanzen fast das ganze Jahr über, die Wurzeln im September/Oktober

Die länglichen Blätter des Löwenzahns sehen aus, als ob sie Zähne hätten. Wie die Blütenblätter einer Blume wachsen sie aus der Wurzel heraus. Natürlich erkennst du diese Pflanze auch sofort an den wunderschönen Blüten, die wie kleine Sonnen aussehen und die später zu den lustigen Pusteblumen werden, deren federleichte Fallschirme mit dem Wind davon fliegen.

Übrigens: Der milchige Saft aus den Stängeln des Löwenzahns schmeckt zwar bitter, aber er ist überhaupt nicht giftig! Allerdings klebt er stark an den Händen und verfärbt sich dann braun.

Der Löwenzahn hat viele Namen: zum Beispiel Eierblume oder Kuhblume. Der lateinische Name lautet: Taraxacum. Klingt das nicht wie ein Wort aus einem Zauberspruch? Und tatsächlich schlummern in dieser Pflanze viele Heilkräfte. Eine alte Bauernweisheit sagt: Wer im Frühling die ersten drei Löwenzahnblüten isst, die er findet, der wird das ganze Jahr über gesund bleiben!

Zitronenfalter

Ab und zu werden Löwenzahnblätter auf Wochenmärkten als Gemüse angeboten. Die frischen jungen Blätter enthalten viele Vitamine und andere wichtige Stoffe. Du kannst sie in deinen Salat mischen, in eine Suppe tun oder wie Spinat dünsten. Vor allem in Frankreich wird viel Löwenzahn gegessen. Dort heißt die Pflanze »Piss-en-lit«. Das bedeutet: ins Bett pinkeln. Dieser Name deutet an, dass der Löwenzahn eine harntreibende Wirkung hat, man also bald aufs Klo muss, nachdem man ihn gegessen hat.

Wenn du den etwas bitteren Geschmack der Blätter nicht so gern magst, dann probiere doch mal dieses Löwenzahn-Zitronen-Gelee:

LÖWENZAHN-ZITRONEN-GELEE

Du brauchst:
• einen Korb voller Löwenzahnblüten • 2 große unbehandelte Zitronen
• 1 unbehandelte Apfelsine • 1 l Wasser • Gelierzucker • saubere leere Marmeladengläser mit Deckel

1. Schütte die gewaschenen Löwenzahnblüten in einen großen Topf. Schneide die Zitronen und die Apfelsine in Scheiben (mit Schale!) und gib sie dazu.
2. Lasse das Ganze mit 1 l Wasser ungefähr 20 Minuten auf ganz kleiner Flamme köcheln.
3. Dann gießt du alles durch ein feines Sieb und fängst den Saft auf.
4. Miss ab, wie viel Saft du jetzt hast. Lies auf der Packung nach, wie viel Gelierzucker du für diese Menge brauchst.
5. Der Saft muss im ausgespülten Topf mit dem Gelierzucker noch etwa fünf Minuten sprudelnd kochen. Vergiss nicht zu rühren, damit nichts anbrennt!
6. Fülle das Gelee in die Gläser und verschließe sie sofort.

Weiße Taubnessel

Standort: steht gern bei Obstbäumen auf
           einer Wiese, oft auch am Rand
           einer Wiese
Höhe: 20 bis 50 cm
Blüte: weiß, von Juni bis September
Ernte: junge Blätter vor der Blüte von
           März bis Mai, die Blüten
           während der Blütezeit

Die weiße Taubnessel hat auf den ersten Blick viel Ähnlichkeit mit der Brennnessel. Erst wenn du genauer hinschaust, kannst du sehen, dass die Taubnessel keine Brennhärchen hat, sondern dass ihr Stängel von einem ganz weichen Flaum überzogen ist. Auch ihre Blüten sehen ganz anders aus und tatsächlich gehört die Taubnessel in eine andere Pflanzenfamilie als die Brennnessel, nämlich zu den Lippenblütlern.

Der obere Teil der Blüte ist wie eine große Oberlippe geformt und schützt die innen liegenden Staubgefäße vor dem Regen. Diese Blüten haben es im wahrsten Sinne des Wortes in sich, denn sie sind gefüllt mit köstlichem Nektar.

Hummel

Die Hummeln mit ihren langen Rüsseln sind übrigens die einzigen Insekten, die von oben an den begehrten Nektar herankommen können. Doch so leicht geben sich die Bienen nicht geschlagen: Sie bohren einfach die Blüten von unten an und bedienen sich auf diese Weise. Achte mal darauf, ob du eine angebohrte Blüte findest.

Wenn du schon früh am Tag unterwegs bist, kannst du den süßen Blütennektar der Taubnessel selber mal probieren, bevor die Hummeln und Bienen alles ausgesaugt haben: Zupfe dir ein paar weiße Blüten ab und sauge sie aus.

Die jungen Blätter der Taubnessel und auch die der Brennnessel kannst du wie Spinat zubereiten. Bringe doch vom nächsten Spaziergang für jede Person etwa vier Hände voll mit. Aber frage vorher, ob es in den Speiseplan passt und ob dir jemand bei der Zubereitung hilft!

Taubnessel   Brennnessel

DIE GOLDENEN SCHUHE DER ELFEN

Alle Wiesenelfen lieben es zu tanzen und dazu tragen sie klitzekleine feine goldene Schuhe. Früher versteckten sie ihre Schühchen nach dem Tanz im Erdloch eines Regenwurms, damit die Mäuse sie nicht stehlen konnten. Doch einmal wurden sie dabei von einer listigen Maus beobachtet.

Kaum waren die Elfen verschwunden, da holten sich die Mäuse die Schuhe aus dem Versteck, zogen sie mit viel Mühe über ihre Pfoten und bewegten sich mehr humpelnd und stolpernd als leichtfüßig im Tanz. Es war klar, dass dabei die zarten Schuhe bald kaputtgingen.

Das sollte den Elfen nicht noch einmal passieren. Nach langem Suchen fanden sie ein besseres, sicheres Versteck. Seitdem stecken sie die goldenen Schuhe nach dem Tanz ganz vorsichtig in die Blüten der weißen Taubnessel. Dort sind sie vor den Mäusen sicher! Du glaubst das nicht? Dann schau doch mal von oben in eine Taubnessel-Blüte hinein. Dort kannst du ein Paar der wunderhübschen kleinen goldenen Tanzschuhe der Elfen entdecken!

Wiesenbärenklau

Standort: steht gern auf den feuchten
Stellen der Wiese

Höhe: 80 bis 180 cm

Blüte: weiß, Juni bis Oktober

Ernte: Blätter ab Mai, Stängel ab Juni,
Samen ab September

Achtung, der Wiesenbärenklau hat einen großen Bruder: die riesige Herkulesstaude. In ihrem Stängel ist ein weißer Saft, den man nicht berühren sollte. Er kann die Haut richtig verätzen! Im Gegensatz zum Wiesenbärenklau hat die Herkulesstaude spitze Blätter und ist nicht behaart. Der Wiesenbärenklau hat dagegen ein borstiges Fell. Ein alter Spruch lautet: Ist der Stängel kantig und rau, handelt es sich um Bärenklau! Daran kannst du dir den Unterschied gut merken.

Der Name dieser Pflanze bedeutet nicht, dass der Wiesenbär etwas klaut, sondern dass die Blätter einer Bärenpfote (einer Klaue) ähnlich sehen.
Sie können ziemlich groß werden. Der hohle Stängel hat verdickte Stellen (Knoten). Früher haben sich arme Leute aus den Bärenklau-Stängeln einfaches Bier gebraut. Der Geschmack war vielleicht nicht jedermanns Sache. Aber auch an Kaninchen wird Bärenklau gerne verfüttert.

DER BÄRENKLAU-STERN

Du brauchst:

- getrocknete Bärenklau-Blüten (mindestens sechs) mit Stängel
- Silber- oder Golddraht

Im Herbst ab Ende Oktober sind von den Blüten des Bärenklaus nur noch die getrockneten Blütenstände übrig. Pflücke gut erhaltene Blüten mit jeweils 10 Zentimeter Stängel vorsichtig ab. Du brauchst mindestens sechs für den Stern; nimm sicherheitshalber ein paar mehr mit, falls eine der Blüten kaputtgeht.

1. Lege eine Blüte links und eine rechts vor dich hin. Binde beide Stängel mit dem Draht zusammen. Dies machst du insgesamt drei Mal.
2. Dann lege die drei zusammengebundenen Blütenteile so übereinander, dass die Stängel eine Sternform bilden. Mit dem Draht bindest du sie in der Mitte kreuzweise fest. An einer Drahtschlaufe kannst du deinen Stern ins Fenster oder an die Wand hängen. Er passt gut in die Weihnachtszeit!

Gemeine Kratzdistel

Standort: auf trockenen, sonnigen Wiesen,
               auch auf Schuttplätzen
Höhe: 60 bis 130 cm
Blüte: rot-violett, von Juli bis September
Ernte: noch geschlossene Blüten
             während der Blütezeit

Distelfalter-raupe

Distelfalter

KRATZDISTEL-KNOSPEN-GEMÜSE

Die spitzen Stacheln an den Blättern der Gemeinen Kratzdistel piken und kratzen ziemlich »gemein«, wenn man sie unachtsam berührt. Aber in diesem Fall bedeutet das Wort »gemein« trotzdem etwas anderes: nämlich, dass diese Pflanze »allgemein« oft vorkommt und nichts Seltenes ist.

Schmetterlinge fliegen diese Pflanze besonders gern an, denn ihre wunderschönen Blütenköpfchen bieten ihnen köstlichen Nektar. Wenn du also Schmetterlinge wie den Admiral oder den Distelfalter (er heißt sogar so!) beobachten willst, schau mal bei den Kratzdisteln nach.

Hast du schon mal eine Artischocke gegessen? Sie ist eine nahe Verwandte der Distel. Auch die Blüten der Kratzdisteln kann man essen, aber sie sind viel, viel kleiner.

Kaisermantel

Du brauchst:
Für die Ernte: ● eine Schüssel oder ein Körbchen ● eine Schere
Für das Gemüse: ● pro Person eine Hand voll Kratzdistel-Knospen
● ein halbes Stück Butter ● einen Esslöffel Salz für das Kochwasser
● etwas Salz und Pfeffer für die Disteln

Schneide die noch geschlossenen Knospen mit einer möglichst langen Schere vorsichtig ab und lasse sie direkt in deine Schüssel fallen. Auf diese Weise kann dich die Pflanze nicht stechen.
Zu Hause wäschst du die Knospen gründlich unter kaltem Wasser. Bringe in einem großen Topf Salzwasser zum Kochen und gebe die Knospen dort hinein. Lass sie etwa 20 Minuten leise vor sich hin köcheln; dann probiere, ob sie weich sind. Gieße nun das Wasser ab und serviere deine »Kratzdistel-Artischocken« mit zerlassener Butter und etwas Salz und Pfeffer.

Johanniskraut

Standort: auf trockenen, sonnigen Stellen
auf der Wiese
Höhe: 80 bis 100 cm
Blüte: sonnengelb, von Juni bis August
Ernte: das blühende Kraut am besten
Ende Juni

Sieh dir eine der Blüten des Johanniskrauts genau an: Sieht sie nicht genau aus wie ein kleines Sonnenrad und strahlen die Staubfäden nicht wie kleine Funken? Kein Wunder, dass diese Pflanze zur Zeit der längsten Sommertage blüht! Die Kraft des gesammelten Lichts kannst du in ein heilsames Öl, das Rotöl, verwandeln.

ROTÖL

Sammle zur Zeit der Sommersonnenwende (also um den Johannistag, den 21. Juni herum) an einem trockenen Vormittag ein Schraubglas voll der gelben Blüten. Nimm nur saubere, vollständige Blüten dafür. Zu Hause gießt du Sonnenblumen- oder Olivenöl in das Glas, bis alle Blüten mit Öl bedeckt sind. Nun stellst du das Glas an einen sonnigen Platz auf der Fensterbank. Schon nach ein paar Tagen verfärbt sich das helle Öl langsam rot. Schüttle das Glas ab und zu. Gieße das kräftig rote Öl nach vier Wochen durch ein feines Sieb in eine dunkle Flasche um. Bei Verletzungen, Verbrennungen, Prellungen oder wenn du dich ganz verspannt fühlst, kannst du dich damit einreiben. Es ist auch ein ausgezeichnetes Hautpflegemittel! Aber Achtung! Deine Haut wird dadurch besonders lichtempfindlich; also nicht vor einem Sonnenbad benutzen.

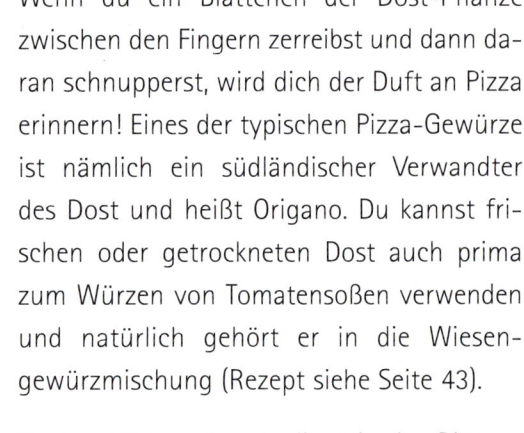

Dost

Standort: liebt die sonnigen und warmen
Plätze auf einer Wiese, steht
gern auf trockener Erde

Höhe: 20 bis 50 cm

Blüte: lila, von Juni bis September

Ernte: die Blätter vor der Blüte im Mai,
ab Juni das blühende Kraut

Wenn du ein Blättchen der Dost-Pflanze zwischen den Fingern zerreibst und dann daran schnupperst, wird dich der Duft an Pizza erinnern! Eines der typischen Pizza-Gewürze ist nämlich ein südländischer Verwandter des Dost und heißt Origano. Du kannst frischen oder getrockneten Dost auch prima zum Würzen von Tomatensoßen verwenden und natürlich gehört er in die Wiesengewürzmischung (Rezept siehe Seite 43).

Dost gehört auch unbedingt in das Blüten-Traum-Kissen von Seite 40. Früher war man überzeugt davon, dass der Dost böse Gedanken verscheucht und neuen Lebensmut geben kann. Darum wird er heute noch in manchen Gegenden »Wohlgemut« genannt. Man glaubte sogar, der Dost könnte böse Geister vertreiben. Davon erzählt auch unsere Geschichte.

Dukatenfalter

Feuerfalter

Hauchechelbläuling

DAS MÄDCHEN UND DER TEUFEL

Es waren einmal eine Frau und ein Mann, die hatten eine einzige Tochter, die sehr klug war. Aber die Eltern besaßen kein Geld, um sie auf eine Schule schicken zu können, und brachten ihr deshalb selbst alles bei, was sie konnten und wussten.

Nun lebte im Wald eine alte Frau, die von der klugen Tochter gehört hatte. Eines Tages erschien sie in der Hütte der armen Leute. Sie wollte die Tochter in die Lehre nehmen, denn sie könne bei ihr viel über Heilkräuter lernen. Die Eltern waren froh und gaben der alten Frau ihre Tochter mit.

Doch im Haus der Alten tief im Wald fühlte sich das Mädchen gar nicht wohl. Kein liebes Wort, kein Lachen und kein Lied waren dort zu hören. Bald erkannte sie, dass die alte Frau in Wirklichkeit eine böse Hexe war, und sie lebte fortan in großer Furcht vor ihr.

Eines Tages rief die Alte sie zu sich und sagte, da sie so schnell gelernt hätte und so geschickt sei, käme bald der große Zaubermeister, um sie kennen zu lernen. Doch vorher dürfe sie noch ihren Eltern besuchen.

Das Mädchen schauderte: Bei dem »Zaubermeister« konnte es sich nur um den Teufel handeln. Weinend und verzweifelt erzählte sie ihren Eltern von dem bevorstehenden Besuch des Teufels bei der Hexe.

Die Eltern beratschlagten, was zu tun sei. Die Mutter kannte ein Kraut, das böse Geister und sogar den Teufel vertreiben konnte: den Dost. Sie stopfte ihrer Tochter so viel wie möglich in die Taschen ihres Kleides und steckte ihr ein Sträußchen ins Haar.

So gerüstet kehrte das Mädchen ins Hexenhaus zurück. Schon bald war ein dunkles Grummeln zu hören und da stand der Teufel auch schon auf der Schwelle. Zuerst blickte er das Mädchen begehrlich an, doch bald begann er zu schnüffeln und zu schnauben und brüllte wütend los:

Dost, Dost,
hätt' ich dich vernommen,
wär' ich nicht gekommen!

Er drehte sich um und verschwand. Nur eine Wolke voller Schwefelgestank blieb zurück. Das Mädchen aber lief so schnell es konnte nach Hause und kehrte niemals mehr in das Hexenhaus zurück.
Später wurde sie eine berühmte Kräuterfrau, die vielen kranken Menschen helfen konnte.

Wegerich

Standort: Spitz- und Breitwegerich wachsen sehr häufig, fast überall

Höhe: Spitzwegerich wird bis 50 cm hoch, Breitwegerich wird 10 bis 30 cm hoch

Blüte: Spitzwegerich weiß-gelb, manchmal zartlila von April bis September; Breitwegerich bräunlich von Juni bis Oktober

Die beiden Wegerich-Brüder sind echte »Allerwelts-Pflanzen«, die fast überall wachsen. Trotzdem haben sie Beachtung verdient. Ihr Name bedeutet immerhin »König des Weges« nach dem altgermanischen »rich« für König. Beide Wegericharten sind alte Heilpflanzen. Als Hustenmedizin wurde früher der so genannte Erdkammersirup hergestellt: Dazu wurden Spitzwegerichblätter mit Zucker in ein großes Glas geschichtet. Das Glas wurde dann mit einem Tuch zugebunden, mit einem Stein beschwert und in einem Erdloch vergraben. Nach drei Monaten holte man das Glas wieder heraus und goss die entstandene Flüssigkeit ab. Sie wurde aufgekocht und dann in braune Flaschen gefüllt.

Auch heute noch gibt es in der Apotheke Hustensäfte mit Spitzwegerich zu kaufen, allerdings kommen sie nicht aus einem Erdloch!

Wenn du in neuen Schuhen eine Blase am Fuß bekommen hast, pflücke dir ein Breitwegerichblatt, zerquetsche es, damit der Saft austritt, und lege es auf die wehe Stelle. Bedecke alles mit einem zweiten Blatt und ziehe vorsichtig deinen Strumpf wieder an. Auch Insektenstiche kannst du so behandeln.

Die Indianer in Nordamerika bezeichnen den Wegerich als »die Fußspuren des weißen Mannes«, denn erst die europäischen Einwanderer brachten ihn unter ihren Schuhsohlen über den Ozean mit nach Amerika. Inzwischen ist der Wegerich auch in Nordamerika weit verbreitet.

Skabiosen-Scheckenfalter

Spitzwegerich

Breitwegerich

WEGERICH-KNÖDEL

Du brauchst:
- 3 bis 4 Hände voll junger, frischer Spitzwegerichblätter
- 7 alte Brötchen oder ein trockenes Baguette • 1 Liter Milch
- 1 Zwiebel • 3 Eier • 2 Esslöffel Mehl • 1 Esslöffel Olivenöl
- Salz, Pfeffer, Muskatnuss • Butter

Weiche die klein geschnittenen Brötchen oder das Brot in der Milch gut ein. Inzwischen schneidest du die gewaschenen Spitzwegerichblätter ganz fein. Hacke die Zwiebel ebenfalls sehr klein und dünste sie in dem Olivenöl an, bis sie glasig sind. Jetzt setze einen großen Topf mit Salzwasser auf den Herd. Knete aus den eingeweichten Brötchen, den Eiern, dem Mehl, den Zwiebeln und den Blättern einen gut gemischten Teig; das geht am besten mit den Händen. Der Teig darf nicht zu feucht werden; eventuell noch etwas Mehl unterrühren. Würze die Masse mit Salz, Pfeffer und Muskat. Nun forme schöne runde Knödel. Sie müssen etwa 15 Minuten in dem leicht kochenden Wasser ziehen.
Mit zerlassener Butter beträufeln und – guten Appetit!

Mädesüß

Standort: an den feuchten Stellen einer
Wiese oder am Bachufer
Höhe: bis 150 cm
Blüte: cremeweiß, stark duftend von
Juni bis September
Ernte: das blühende Kraut zur Zeit der
Blüte

Vermutlich heißt diese Pflanze so, weil die Germanen ihren Honigwein, den Met, damit gewürzt haben, Mädesüß bedeutet danach »Met süßen«. Probiere mal aus, wie es schmeckt, wenn du ein paar Blütendolden in eine Kinder-Sommer-Bowle aus Mineralwasser und Apfelsaft hängst und eine Weile ziehen lässt.

In Frankreich wird diese Pflanze »Reine du Prés« genannt, das bedeutet: Wiesenkönigin. Es sieht in der Tat sehr edel und elegant aus, wenn im Hochsommer die hoch aufragenden Blütendolden vom Wind bewegt werden. Schau dir auch mal die Blätter an: Sie haben die Form einer Feder.

Mädesüß hat einen unverwechselbaren Geruch, der an das Aroma von Bittermandeln erinnert. Er ist eigenartig süß und gleichzeitig ein bisschen herb-bitter. Vielleicht geht es dir auch so, dass du gern immer wieder daran schnuppern möchtest. Steck auf jeden Fall ein paar Blüten mit in dein Traumkissen (S. 40). Im Mittelalter streute man Mädesüß-Blüten auf die gereinigten Fußböden, um einen sauberen Wohlgeruch durch die Räume ziehen zu lassen.

Stelle dir doch auch einen Strauß davon in dein Zimmer!

Die Pflanze enthält viele Stoffe, aus denen Medizin gegen Schmerzen und Rheuma gemacht wird. Ein Tee aus den getrockneten Blättern und Blüten hilft vor allem bei Fieber.

Trauermantel

28

TRAUMPULVER DER WIESENKÖNIGIN

Du brauchst:

• eine Hand voll Mädesüßblüten • eine Hand voll
Schafgarbenblätter und -blüten • einen Mörser • ein hübsches
kleines Glas oder eine Dose

Breite die Blüten und Blätter an einem schattigen Ort aus und lasse
sie trocknen. Entferne dann alle harten, holzigen Teile und zerreibe
den Rest möglichst fein zu einem Pulver. Am besten geht das in
einem Mörser. Dieses Traum- und Wunschpulver füllst du dann in ein
hübsches Gefäß.

Wenn du ein Taschentuch damit bestreust und dieses beim Einschlafen
in der Hand hältst, schenkt dir das Pulver schöne Träume. Willst du
einen wichtigen Brief an einen lieben Menschen schreiben, streue
etwas davon in den Briefumschlag. Und soll dir etwas gut gelingen,
zum Beispiel in der Schule oder beim Sport, dann hilft dir vielleicht
auch eine Prise Traum- und Wunschpulver.

Sauerampfer

Standort: auf feuchten, lehmigen Wiesen,
aber auch am Straßenrand, weit
verbreitet

Höhe: bis 30 cm

Blüte: rötliche, unscheinbare Rispe, im
Mai/Juni

Ernte: junge Blättchen im Juni bis
September

Die Blätter des Sauerampfers wachsen tief
unten im Gras. Sie sind leicht an ihrer Form
zu erkennen. Die Blätter sind pfeilförmig:
Jedes Blatt endet in zwei Zipfeln und hat
oben eine Spitze.

Sauerampfer hat einen angenehm säuerlichen
Geschmack, daher werden Blätter und Stiele
gern für Salat oder in einer Suppe verwendet.

Feuerfalter

Bänderschnecke

SAUERAMPFER-SUPPE

Du brauchst:

- mehrere Hände voll Sauerampfer • zwei Zwiebeln • 1 l Gemüsebrühe
- 2 Esslöffel Olivenöl • 1 Becher süße Sahne • Mehl • Salz und Pfeffer

Mit einer Schere kannst du die gewaschenen Sauerampferblätter sehr
fein schneiden. Schneide die Zwiebeln mit einem Messer in dünne
Ringe. Erhitze das Öl in einem Topf und brate die Zwiebelringe darin
an, bis sie glasig sind. Dann füge den Sauerampfer hinzu und lasse ihn
kurz mitdünsten. Bestäube das Gemüse mit etwas Mehl und rühre um.
Nun gib die Gemüsebrühe dazu und lasse alles ein paar Minuten kochen.
Würze mit Salz und Pfeffer. Zum Schluss nimmst du den Topf vom
Herd und rührst die Sahne hinein.

Grasnelken-
Widderchen

ARM KRÄUTCHEN

Ein Sauerampfer auf dem Damm
stand zwischen Bahngeleisen,
machte vor jedem D-Zug stramm,
sah viele Menschen reisen.

Und stand verstaubt und schluckte Qualm
schwindsüchtig und verloren,
ein armes Kraut, ein schwacher Halm,
mit Augen, Herz und Ohren.

Sah Züge schwinden, Züge nahn,
der arme Sauerampfer,
sah Eisenbahn um Eisenbahn,
sah niemals einen Dampfer.

(Joachim Ringelnatz)

31

Wilde Möhre

Standort: auf allen Wiesen, sehr häufig
Höhe: 50 bis 100 cm
Blüte: weiß, von Mai bis Juli
Ernte: im Sommer die Blüten, im Winter
die Wurzeln

Schwalbenschwanz

Möhrenfliege

*Schwalben-
schwanzraupe*

Die Wilde Möhre ist eng mit der Karotte verwandt. Wenn du eines ihrer feingliedrigen Blätter zwischen deinen Fingern zerreibst und daran riechst, erkennst du deutlich einen Karottenduft.

Ziehst du vorsichtig eine Wilde Möhre aus dem Boden, kommt eine Wurzel zum Vorschein, die wie eine dünne, weiße Möhre aussieht und auch deutlich so riecht. Die Kinder, die in ferner Vorzeit lebten, liebten diese Wurzeln; es war für sie so etwas wie Kaugummi.

Betrachte einmal genau eine Blüte der Wilden Möhre. Siehst du, wie sich viele, viele kleine Einzelblüten zu kleinen Dolden an einem Stängel und die kleinen wiederum zu einer großen Doldenblüte zusammensetzen? Das hat auch einen Sinn, denn gemeinsam fallen die Blüten den Insekten viel besser auf als einzeln.

Auf einer Wiese stehen noch andere Pflanzen aus der Familie der Doldengewächse, zum Beispiel der Wiesenkerbel. Alle haben einen hohlen Stängel und fein zerteilte Blätter. Aber die Wilde Möhre erkennst du trotzdem ganz sicher: Genau in der Mitte der Dolde sitzt eine einzige kleine, dunkelrote Blüte.

Wenn die Dolde verblüht ist, schließen sich die Stängel der Einzelblüten schützend um das Zentrum. Es entsteht ein vertrocknetes Gebilde, das wie ein Vogelnest aussieht. Nach außen hat es viele kleine Haken und Borsten. Damit setzt sich diese so genannte Klettfrucht im Fell der vorbeikommenden Tiere fest. Diese tragen die Frucht mit sich fort. Irgendwann fällt sie auf den Boden und eine neue Pflanze kann wachsen.

Wiesenschaumkraut

Standort: liebt feuchte Wiesen
Höhe: 15 bis 45 cm
Blüte: rosa-lila, von April bis Juni
Ernte: die Blüten ab April

Wenn du im Frühling in freier Landschaft einen Spaziergang machst, hast du vielleicht Glück und triffst auf eine Wiese, die aussieht, als sei sie ganz von einem feinen farbigen Schleier überzogen. Tausende von rosa-lila Pünktchen schweben über dem Grün: Es sind die Blüten des Wiesenschaumkrauts. Schau sie mal genauer an: Die einzelnen Blüten bilden eine lockere Traube. Jede Blüte hat vier Blütenblätter, die kreuzförmig angeordnet sind. Darum gehört das Wiesenschaumkraut zur Familie der so genannten Kreuzblütler.

Trau dich ruhig und stecke einige davon in den Mund. Der würzige scharfe Geschmack wird dich wahrscheinlich überraschen: Die Blüten schmecken nach Senf! Tatsächlich enthält das Wiesenschaumkraut die gleichen Stoffe, die auch dem Senf seine Schärfe geben.

Der Aurorafalter schätzt das Wiesenschaumkraut als wichtige Nahrungsquelle. Vor allem die männlichen Falter mit ihren orangeroten Flügelspitzen gehören zu unseren schönsten Schmetterlingen. Um herauszufinden, warum die Pflanze Wiesenschaumkraut heißt, musst du dir die Stängel genau ansehen: Hier findest du oft eine weiße, aus vielen Bläschen bestehende Masse, die wie Spucke aussieht. In diesen Schaumnestern verstecken sich die grünen Larven der Schaumzikade, einem käferähnlichen Insekt. Hier wachsen sie ungestört heran, indem sie den Saft aus dem Stängel der Pflanze saugen.

Aurorafalter

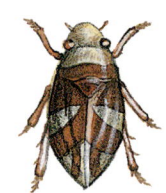

Schaumzikade

Schafgarbe

Standort: auf eher trockenen Wiesen, am
Wegesrand

Höhe: 20 bis 60 cm

Blüte: weiß oder rosa von Juni bis
Oktober

Ernte: die jungen Blättchen von März
bis Mai; das blühende Kraut von
Juni bis September

»Garwe« bedeutet in der althochdeutschen Sprache »gesund machen« – Schafgarbe heißt also: Schafe gesund machen. Hirten hatten nämlich beobachtet, dass die Schafe auf der Weide besonders viel von diesem Kraut fraßen, wenn sie krank waren.

Auch für Menschen ist die Schafgarbe fast so etwas wie ein Allheilmittel. Ihre Inhaltsstoffe wirken gegen Appetitlosigkeit, Fieber, Entzündungen, Bauchschmerzen, Schlafstörungen und Hautkrankheiten. Im Mittelalter wurde sie sogar als Medizin gegen die Pest eingesetzt.

Die Blüten duften warm und aromatisch, so wie eine ganze Sommerwiese. Schau dir auch ein Blatt der Schafgarbe ganz genau an. Es sieht aus, als sei es aus vielen, vielen kleinen Teilchen zusammengesetzt. Ein anderer Name für diese Pflanze lautet darum »Tausendblättchen«. Wenn du mit einem Tausendblättchen über deine Wange streichst, merkst du, dass dieses feingliedrige Blatt sich rau und hart, fast etwas borstig anfühlt.

Trotzdem soll es dir zu einem wunderschönen Traum verhelfen. Es heißt, wenn man sich vor dem Einschlafen auf jedes Augenlid ein Schafgarbenblatt legt, träumt man besonders schön. Das auszuprobieren lohnt sich doch auf jeden Fall, oder?

Rainfarnblattkäfer

Scheckspanner

Schafgarbenspanner

Blattkäfer

Klee

Standort: auf fast allen Wiesen
Höhe: 5 bis 20 cm
Blüte: rot oder weiß, von Mai bis September
Ernte: die Blüten von Mai bis September

Weißt du, was ein Glücksklee ist? Er hat vier Blätter und soll dem Finder Glück bringen! Glücksklee kommt selten vor, denn die bei uns wachsenden Kleepflanzen haben fast immer nur drei Blätter und heißen deshalb auf Lateinisch Trifolium (Dreiblatt). Es gibt 250 verschiedene Arten. Auf unseren Wiesen findest du meist den Rot- oder Weißklee, die nach ihrer Blütenfarbe so heißen.

In der Bretagne, einem Gebiet in Frankreich, soll es im Mittelalter diesen Brauch gegeben haben: Um vor einem Ringkampf unbesiegbar zu werden, sollten die Kämpfer in der Nacht zuvor bei Mondschein mit den Zähnen ein vierblättriges Kleeblatt pflücken! Na, viel Spaß dabei ...

Die roten, kugeligen Blüten des Rotklees haben einen feinen, nussartigen Geschmack. Ein paar Blüten über einen grünen Salat gestreut sehen schön aus und sind richtig lecker. Bienen mögen den Nektar aus den Blüten. Hast du schon einmal Kleehonig gekostet? Er schmeckt sehr fein und lieblich.

Weil auch Hasen und Kaninchen den Klee gern mögen, heißt er in manchen Gegenden »Hasenbrot«; auch für Kühe oder Pferde ist er eine wertvolle Futterpflanze.

Die große Wertschätzung, die der Klee früher genoss, kommt in dem Spruch »Jemanden über den grünen Klee loben« zum Ausdruck. Denn das bedeutet, dass eine Person schon fast zu sehr gelobt wird.

Noch ein Tipp: Um (noch) schöner zu werden, soll es genügen, am 1. Mai frühmorgens in einem taunassen Kleefeld zu »baden«.

Postillion-raupe

Weißklee

Rotklee

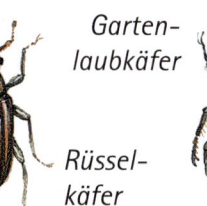

Postillion

Garten-laubkäfer

Rüssel-käfer

35

Gänseblümchen

Standort: sehr häufig auf allen Wiesen

Höhe: nur 5 bis 10 cm hoch

Blüte: von März bis September mit weißen Blütenblättern, die eine rote Spitze haben

Ernte: Blätter, Blüten, Knospen

Eine mit blühenden Gänseblümchen übersäte Wiese ist eine richtige Augenweide. Im März gehört das Gänseblümchen zu den ersten blühenden Pflanzen, die uns den kommenden Frühling ankündigen.

Es heißt übrigens so, weil die Gänse auf der Weide gern die leckeren Blütenköpfe fressen. In England heißt diese Blume »Day's eye« oder einfach »Daisy«, das bedeutet: Auge des Tages, denn die Blüten öffnen sich nur an freundlichen Tagen. Bei Regenwetter und in der Nacht bleiben die Blüten geschlossen.

Weil vielen Menschen schon das kleine Gänseblümchen so gut gefällt, haben Gärtner eine Sorte mit großen Blüten und Blättern gezüchtet. Man kann sie unter dem Namen Tausendschönchen oder Maßliebchen kaufen.

Wenn du eine solche Blume in den Garten pflanzt, wirst du im folgenden Jahr eine Überraschung erleben: Aus dem großen Tausendschönchen ist dann nämlich wieder ein ganz normales Gänseblümchen geworden.

Ein Tee aus den schönen weißen Blüten hilft dir, wenn du vor Aufregung Bauchschmerzen bekommst oder abends nicht einschlafen kannst. Dazu kannst du ein paar frische Blüten zerkleinern oder einen Teelöffel getrocknete Blüten nehmen und sie mit heißem Wasser übergießen. Nach zehn Minuten gießt du den Tee durch ein Sieb und trinkst deinen Gute-Laune-Tee.

Wegschnecke

Spiel und Spaß auf der Wiese

NATUR IM RAHMEN

Es gibt Künstler, die mit dem, was sie in der freien Natur finden, Kunstwerke gestalten. Das können aufeinander gelegte Felssteine sein oder eigenartige Gebilde aus Ästen und Zweigen.

Auch auf einer Wiese kann man seinen Blick schärfen für die Einzelheiten, die dort zu finden sind.

Du brauchst:
- na klar: eine Wiese!
- vier möglichst gerade, gleich lange Äste
- festen Bindfaden

1. Zuerst werden die vier Äste mit dem Bindfaden zusammengebunden. Dies geht am besten so, wie es die Zeichnung zeigt.

2. Nun bewegst du dich als »Naturkünstler« mit deinem Rahmen aufmerksam über die Wiese und hältst den Rahmen so vor dich, dass du durch ihn hindurch auf die Wiese sehen kann.

3. Hast du eine Stelle gefunden, die dir besonders gut gefällt, dann lege den Rahmen vorsichtig auf den Boden. Das »Bild«, das du nun eingerahmt hast, kannst du nach Belieben verändern oder ergänzen. Du kannst Blüten, Zweige, Grasbüschel, Schneckenhäuser hinzufügen oder in einer bestimmten Form anordnen, zum Beispiel aus Zweigen einen Pfeil dazu legen, der auf etwas Interessantes zeigt.

4. Bist du mit deinem Bild zufrieden, kannst du es fotografieren, anderen zeigen oder einfach lange anschauen und für den nächsten, der daher kommt, liegen lassen. Der legt vielleicht auch etwas dazu ... Schau doch ein paar Tage später mal nach!

AUGEN-BLICKE

Für dieses Spiel brauchst du einen Partner. Einer von euch ist der »Fotograf«, der andere die »Kamera«.

Zuerst streift der Fotograf über die Wiese und sucht nach besonders schönen oder interessanten Stellen, der er als Motiv nehmen möchte. Das kann zum Beispiel ein Käfer an einem Grashalm sein (Nahaufnahme) oder der weite Blick über ein Löwenzahn-Meer (Weitwinkelaufnahme). Er kann genau von oben auf etwas draufschauen, vielleicht auf ein Moospolster, oder sich hinlegen und von unten in die Wiese sehen.

Wenn der Fotograf sich für ein Motiv entschieden hat, holt er die Person, die die Rolle der Kamera übernimmt, ab und führt sie zu der Stelle. Sie muss bis dahin die Augen geschlossen halten.

Nun wird die Aufnahme gemacht: Der Fotograf zupft seinem Partner sanft am Ohrläppchen: Das ist der Auslöser und die »Kamera« öffnet für vier Sekunden die Augen. Am besten zählt der Fotograf leise für sich: 21, 22, 23, 24. Dann zupft er erneut am Ohr und die Kamera schließt die Augen wieder.

Die beiden gehen etwas beiseite, setzen sich und die Kamera erzählt, was sie gesehen hat. Dann können sie sich noch einmal gemeinsam die Stelle ansehen und das Spiel mit vertauschten Rollen noch einmal machen.

WIESEN-PANTOMIME

Dieses Spiel kannst du prima draußen auf einer Wiese spielen. Du brauchst mindestens drei Mitspieler, je mehr dabei sind, umso besser.

Es gibt viele zusammengesetzte Pflanzen-Namen, die man gut als Pantomime, also ohne Worte, darstellen kann. Zwei Spieler suchen sich aus der Liste unten einen Namen aus. Dann gehen sie beiseite und besprechen, wie sie den Namen am besten darstellen können. Einer übernimmt dabei das vordere Wort, der andere das hintere.

Dann zeigen sie ihre Pantomime und die restlichen Mitspieler müssen raten, welche Pflanze gemeint ist. Wer meint, er wüsste Bescheid, meldet sich und wird von einem der beiden Darsteller aufgerufen. Wurde der Name richtig erraten, gibt es einen dicken Applaus für Darsteller und Rater. Der Rater sucht sich dann einen Partner aus, mit dem er einen neuen Pflanzen-Namen darstellen möchte.

Tipp: Die ratenden Gruppe darf einen Blick auf die Liste der Pflanzen-Namen werfen, sonst wird es zu schwierig. Es macht nichts, wenn ihr die eine oder andere Pflanze noch nicht kennt. Seht einfach in eurem Bestimmungsbuch nach! Vielleicht findet ihr dort sogar noch weitere, geeignete Namen.

Namensliste für Wiesen-Pantomime

Wolfs-Milch	Weg-Warte
Frosch-Löffel	Kuh-Schelle
Bären-Klau	Tauben-Kropf
Geiß-Fuß	Katzen-Minze
Hasen-Klee	Habichts-Kraut
Nattern-Köpfchen	Storch-Schnabel
Hahnen-Fuß	Löwen-Zahn
Frauen-Mantel	Augen-Trost
Sonnen-Blume	Mäde-Süß
Klapper-Topf	Fuchs-Schwanz
Indianer-Nessel	Schachtel-Halm

BLÜTEN-TRAUM-KISSEN FÜR SÜßE TRÄUME

Wer beim Einschlafen ein duftendes kleines Kissen an seiner Wange hat, träumt bestimmt nur von angenehmen Dingen. Das Kissen ist auch ein schönes Geschenk.

Du brauchst:
- ein Stück hübschen Stoff (etwa 50 cm x 70 cm groß)
- Faden
- Füllwatte oder anderer Füllstoff aus dem Bastelladen
- Blüten von Wiesenkräutern oder Gräsern (etwa drei Hände voll), von diesen sollte etwas dabei sein: Mädesüß, Kamille, Dost, Schafgarbe, Johanniskraut, Gewöhnliches Ruchgras.

1. Aus dem Stoffrest nähst du eine kleine Kissenhülle, die etwa 20 x 30 cm groß sein soll. Vielleicht kann dir jemand dabei helfen. Eine Seite bleibt noch offen.

2. Nun füllst du die Füllwatte hinein, bis das Kissen schön weich ist.

3. Die Wiesenkräuter verteilst du zwischen der Füllwatte.

4. Dann nähst du die letzte Naht zu.

Wenn du mit der Nase auf dem Kissen liegst, duftet es süß nach Heu, nach Wiese, nach Sommer …

Lässt der Duft nach, tauschst du die Wiesenkräuter aus.

Echte Kamille

WIESENBLÜTEN-BADESALZ

Wenn es im Winter so kalt und grau draußen ist, kannst du dir
mit einem Blütenbad, das du im Sommer zusammengestellt hast, ein
bisschen Sonne in die Badewanne holen.

Du brauchst:
- ein leeres, ausgewaschenes Marmeladenglas
- ein Päckchen Meersalz
- frische, duftende Sommerblüten (z. B. Mädesüß, Kamille, Dost,
  Johanniskraut, Kornblumen; du kannst auch ein paar Rosenblätter
  oder Lavendelblüten oder andere Duftblüten dazu tun)

Zuerst gibst du eine dünne Schicht Meersalz in das Glas, etwa einen
Zentimeter hoch. Dann legst du die frischen Blüten bunt gemischt
darauf, bis das Salz ganz bedeckt ist. Dann kommt wieder eine Schicht
Salz, dann Blüten und so weiter, bis das Glas gefüllt ist.

Durch das Salz werden die Blüten haltbar gemacht, sodass du dich noch
nach Monaten an ihrem Duft erfreuen kannst.

Du kannst dein Badesalzglas noch mit einem hübsch gemalten Schild
bekleben und auf dem Deckel ein rundes Stoffstückchen mit einer
Schleife festbinden. So ist das Blüten-Badesalz auch ein schönes
Geschenk.

Für ein duftendes Bad gibst du etwa fünf Esslöffel Blüten-Salz-
Mischung in dein Badewasser. Magst du nicht so gern, dass die Blütenblätter auf dem Wasser schwimmen – was allerdings am besten duftet
– , dann fülle den Badezusatz in ein
Stoffsäckchen oder in eine Strumpf-
spitze und hänge dies ins Wasser.

ESSIG UND ÖL MIT WIESENAROMA

Wenn du eine Salatsoße mit diesem besonderen Essig und dem aromatischen Öl anmachst, schmeckt sie dir bestimmt gut. Beide eignen sich auch als Geschenk für Mamas, Papas, Tanten, Freundinnen und Freunde.

Für den Essig brauchst du:
- eine Flasche Apfelessig
- einige Wiesenkräuter: Blüten von Schafgarbe und Dost, Blütenstände des Spitzwegerich, Wurzeln von der Wilden Möhre
- eine schöne Flasche mit Verschluss

Erhitze den Apfelessig in einem Topf (nicht kochen). Stecke die gewaschenen Kräuter in die Flasche und fülle dann den heißen Apfelessig mit Hilfe eines kleinen Trichters dazu. Die verschlossene Flasche an einer sonnigen Stelle stehen lassen, hin und wieder vorsichtig schütteln.
Nach drei Wochen gießt du den fertigen Wiesenkräuteressig durch ein Tuch in eine Schüssel und von dort mit dem Trichter in die heiß ausgepülte Flasche zurück. Zum Schluss schreibst du auf ein hübsches Etikett alle Zutaten.

Für das Öl brauchst du:
- eine Flasche Olivenöl
- einige geschälte Knoblauchzehen
- Wiesenkräuter: wie beim Essig
- eine schöne Flasche mit Verschluss
- ein großes, verschließbares Glas, zum Beispiel ein Gurkenglas

Fülle das Olivenöl zusammen mit den gewaschenen Kräutern und den Knoblauchzehen in das Glas. Stelle das geschlossene Glas etwa drei Wochen auf eine sonnige Fensterbank. Danach gießt du das Öl durch ein feines Sieb in eine Schüssel und dann durch einen Trichter in die schöne Flasche. Schreibe auf ein Etikett, welche Zutaten das Wiesenkräuteröl so lecker machen.

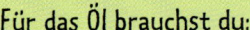

WIESENGEWÜRZMISCHUNG

Es macht viel Spaß, bei Wiesenspaziergängen auf »Beutezug« zu gehen und dann zu Hause kleine Wiesenpflanzenbüschel zu trocknen. Aber Achtung: Nicht die Sammelregeln für Naturfreunde vergessen (s. S. 10)! Mit einer selbst gemachten Wiesengewürzmischung kannst du dein Tomatenbrot, Rührei, Suppe oder Quark, deinen Salat und vieles mehr würzen.

Einige Pflanzen, die sich dafür eignen, sind weiter vorn im Buch schon vorgestellt worden, hier sind noch ein paar abgebildet. Welche Teile verwendet werden, kannst du in dieser Liste nachsehen:
Beifuß: Blätter; Brennnessel: Blätter und Blüten; Dost: Blätter und Blüten; Giersch: Blätter; Gundelrebe: das ganze blühende Kraut; Schafgarbe: junge Blättchen; Kamille: Blüten; Wilde Möhre: Blüten und Wurzeln; Wegerich: junge Blätter und Samen; kleiner Wiesenknopf: Blätter.
Schneide die Pflanzen auf der Wiese vorsichtig ab. Zu Hause bindest du sie zu kleinen Sträußen zusammen und hängst sie mit den Blüten nach unten an einem warmen und trockenen Platz auf. (Sehr gut eignen sich ein warmer Dachboden, ein leerer Schrank oder eine dunkle Ecke deines Zimmers.) Es darf nur keine direkte Sonne auf die Kräuterbündel fallen.

Nun musst du Geduld haben, bis die Kräuter richtig trocken sind. Wenn sie knistern, sobald du sie anfasst, oder sich bröselig anfühlen, ist es soweit.

Strippe vorsichtig die Blätter und die Blüten von den groben Stielen in eine Schüssel und zerkleinere sie mit den Händen oder einem großen Holzlöffel, bis alles in kleinste Stückchen zerfallen ist. In einem Mörser geht das noch besser. Zum Schluss mischst du deine Kräutermischung mit Meersalz (ein Teelöffel Meersalz auf drei Teelöffel Kräutermischung).

Fülle dein Wiesen-Gewürz in ein leeres kleines Gläschen. Und dann: guten Appetit!

Beifuß

Giersch

Kamillenblüten

Gundelrebe

Wiesenknopf

DIE WIESEN-DIA-SCHAU

Möchtest du deinem Freund oder deiner Freundin die Wiese, die du inzwischen besser kennen gelernt hast, vorstellen? Am besten geht das sicher, wenn ihr sie gemeinsam besucht. Aber es gibt noch viel mehr Möglichkeiten.

Wenn ihr zu Hause einen Dia-Apparat habt, dann kannst du auf ganz einfache Weise eine beeindruckende Dia-Schau über einen Streifzug durch eine Wiese zusammenstellen. Du brauchst dazu Dia-Rähmchen mit Glasscheiben, die es im Fotoladen zu kaufen gibt.

Es sieht nämlich wunderschön aus, wenn man zum Beispiel feine Grä- ser oder die Flugschirmchen vom Löwenzahn in einen Glasrahmen legt und mit dem Dia-Apparat vergrößert auf die Leinwand bringt.

Nimm auf deinen nächsten Wiesenspaziergang ein Körbchen mit, in dem du die gesammelten Schätze sicher nach Hause tragen kannst. Es eignet sich alles, was dünn genug ist und eine interessante Form hat. Am besten, du probierst einfach vieles aus und suchst dann die eindrucksvollsten Dias aus.

Hier sind ein paar Vorschläge: Samen, Gräser, feine Blättchen, Blüten, Vogelfedern, tote Insekten, mit Wasser verdünnte Erde.
Dickere Pflanzenteile kannst du auch zuerst in einer Blumenpresse flach pressen oder vorsichtig durchschneiden.

Dann legst du deinen Fund vorsichtig zwischen die Glasscheiben eines Diarahmens und klappst ihn zu. Oder du färbst den Hintergrund vorher noch mit einem Tropfen Wasserfarbe.
Einen ersten Eindruck von deinem Bild bekommst du, wenn du den Rahmen nah am Auge gegen einen hellen Hintergrund hältst.

Wenn du genügend Diarahmen zusammengestellt hast, kannst du deine Freunde oder deine Familie zu einer Wiesen-Schau einladen.

DIE WIESEN-REPORTAGE

Wenn du Lust hast, festzuhalten, was du auf der Wiese gesehen und gefunden, gehört und gerochen oder sonst wie erlebt hast, dann sind die folgenden Vorschläge sicher interessant für dich:

Du könntest auf einer Kassette an verschiedenen Tagen und zu unterschiedlichen Zeiten Wiesengeräusche aufnehmen, zum Beispiel ein Grillenkonzert, das Vogelgezwitscher, das Rauschen des Windes.

Oder sammle Wiesendüfte, indem du von duftenden Pflanzen kleine Sträuße trocknest. Du kannst die trockenen Kräuter zerkleinern und in leere Filmdöschen füllen. Vergiss nicht, darauf zu schreiben, was drinnen ist.

Du kannst ein persönliches Wiesen-Tagebuch führen, in das du ...

... deine Beobachtungen einträgst
... Tiere und Pflanzen hinein zeichnest
... Fotos deiner Wiese oder von vielen verschiedenen Wiesen hinein klebst
... gepresste Pflanzenteile mit Tesafilm festhältst
... Informationen über Wiesenpflanzen und -tiere aus Zeitungen und Zeitschriften zusammenträgst

Wie wäre es mit einer kulinarischen Wiesen-Reise? Bereite doch ein oder zwei Rezepte aus diesem Buch zu und lade Freunde zum Essen ein. Wenn sie dann wissen möchten, was da eben so gut geschmeckt hat, kannst du die Pflanzen vorstellen.

Vielleicht kommt beim nächsten Mal jemand mit auf »deine« Wiese!

DAS WIESENPFLANZEN-QUIZ

Alle Antworten kannst du in diesem Buch finden und nachlesen. Schreibe zu jedem Satz den Name der gesuchten Pflanze in die Kreise. Notiere den angegebenen Buchstaben unten beim Lösungswort an der richtigen Stelle.

In einer sehr alten Sprache heiße ich »König des Weges«.

○ ○ ○ ○ ○ ○ ○ ○
     4

Wer sich meine Blätter auf die Augen legt, den erwarten schöne Träume.

○ ○ ○ ○ ○ ○ ○ ○ ○
10

Wenn du früh genug bist, kannst du aus meinen Blüten süßen Nektar saugen.

○ ○ ○ ○ ○ ○ ○ ○ ○
   13

Meine Blätter haben die Form einer Bärentatze.

○ ○ ○ ○ ○ ○ ○ ○ ○ ○ ○ ○
    3

Für die Steinzeit-Kinder waren meine würzigen Wurzeln so etwas wie Kaugummi.

○ ○ ○ ○ ○ ○ ○ ○
               17

Die Schmetterlinge lieben meine Blüten ungemein.

○ ○ ○ ○ ○ ○ ○ ○ ○ ○
           16

Nur bei Sonnenschein öffne ich meine kleinen weißen Blüten.

○ ○ ○ ○ ○ ○ ○ ○ ○ ○ ○
          11

Mir werden große Kräfte zugeschrieben; ich soll sogar den Teufel vertreiben können.

○ ○ ○ ○
   7

Ich werde auch die Wiesenkönigin genannt.

○ ○ ○ ○ ○ ○
 1

Wer von meinen Blättern nascht, wird lustig.

○ ○ ○ ○ ○ ○ ○ ○ ○
8

Den Hasen diene ich als Lieblingsspeise.

○ ○ ○ ○
  20

Meine Blüten schmecken
nach
Senf.
○○○○○○○○○○○○○○○○
　　　　9

Ist der Stängel kan-
tig und rau, handelt
es sich um ...
　　○○○○○○○○○○○○○○○○
　　　　　　　　　　　　　　　　18

Wir sind zwei Brüder und meine
Blätter sind spitz.
　　　○○○○○○○○○○○○○○
　　　2

Ich rieche so ähnlich wie Waldmeister.
　　　　　　　　○○○○○○○○
　　　　　　　　　19

Aus meinen gelben Blüten kannst
du rotes Öl herstellen.
　　○○○○○○○○○○○○○○○
　　　　　　　　　　　　　　　14

Meine Blätter erinnern an Raubtierzähne.
　　　　　　　○○○○○○○○○
　　　　　　　　　15

Ich bin nicht nur für Schafe ein gesundes Kraut,
sondern heile auch Menschen.
　　　　　　○○○○○○○○○○
　　　　　　　12

Die Artischocke ist meine große Verwandte
aus dem Süden.
　　　　　○○○○○○○○○○
　　　　　　　　　　　　　6

Ich blühe zur Zeit der
Mitsommersonne.
　　○○○○○○○○○○○○○○○
　　　　　5

Die Lösung lautet:

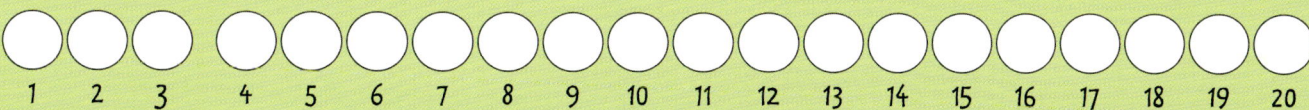

1　2　3　4　5　6　7　8　9　10　11　12　13　14　15　16　17　18　19　20

WIESE, GRÜNE WIESE

Auf einem Maulwurfshügel,
da sitzt der Käfermann.
Er lupft die bunten Flügel
und schaut die Landschaft an.
Sieht Hälmelein an Hälmelein,
wo könnt' es, denkt er, hübscher sein?
Wiese, grüne Wiese.

Pechnelken stehen vorne.
Das Wiesenschaumkraut blüht.
Die blauen Rittersporne
sind noch mit Tau besprüht.
Des Käfers kleines Herz wird weit
von ungemeiner Heiterkeit.
Wiese, grüne Wiese.

(Peter Hacks)